토양을 살려줘요, 초록탐정!

교육과실천

교과서와 연계하여 활용해 보세요!

교과서 연계 단원

실과 5	5. 꼼꼼하게 관리하는 나의 생활 자원과 생활 공간
실과 6	5. 현재와 미래, 지구를 위한 배려와 나눔의 생활
	6. 지속가능한 미래를 위한 친환경 농업
미술 5	2. 이미지를 읽어요

사회 5-1	2. 우리나라 지리 탐구	**사회 6-2**	3. 지구촌 사람들
과학 5-1	3. 용해와 용액	**과학 5-2**	1. 혼합물의 분리
과학 6-1	1. 산과 염기		2. 날씨와 우리 생활
	3. 식물의 구조와 기능		4. 자원과 에너지
과학 6-1	1. 계절의 변화 2. 물질의 연소		4. 과학과 나의 진로

배움약속(성취기준)

5-1 기후 변화가 식물과 토양에 미치는 영향을 설명할 수 있다.

5-2 식물과 토양을 소중히 여기고 이를 지키는 방법을 찾아 실천할 수 있다.

기후·생태를 살리는 **생태전환교과서 ⑤**
초등 고학년 (5~6학년)

토양을 살려줘요, 초록탐정!

초판 1쇄 발행 2026년 3월 13일

지은이	이윤미, 김순미, 박미영, 조현정, 하늘빛, 곽정숙, 노현주, 신혜영, 우치성, 임하람
그린이	박근형, 박미경
감수	이정현
발행인	최윤서
편집	정지현
디자인	최수정

펴낸 곳	(주)교육과실천	**인쇄**	031-945-6554 두성 P&L
등록	2020년 2월 3일 제2020-000024호	**일원화 구입처**	031-407-6368 (주)태양서적
주소	서울특별시 중구 창경궁로 18-1 동림비즈센터 505호	**저자 강의·도서 구입**	02-2264-7775
ISBN	979-11-995303-8-6 (63370)		

정가 9,500원

저자 강의 및 도서 구입 문의는 교육과실천 02-2264-7775로 연락 주십시오.

차   례

여러분, 오늘 어떤 음식을 먹었나요? 그리고 어떤 도구를 사용했나요?

오늘 만난 많은 것들이 식물과 관련있다는 것을 알고 있나요?

그 식물을 품고 있는 토양의 소중함을 알고 있나요?

이 책은 우리 곁에 늘 있지만 그 소중함을 놓치기 쉬운 식물과

토양의 소중함을 알아가는 길잡이가 될 거예요.

초록탐정과 민들레 씨앗 홀이를 따라가며 식물과 토양을

공부해 볼까요?

주인공

홀이

둥실둥실 세상을 날아다니며
뿌리 내릴 곳을 찾고 있어요.
세상을 둘러보다 환경 문제가
발생하면 초록탐정에게
사건을 의뢰해요.

버리

꿀을 따러 간 친구들이
집으로 돌아오지 않아
걱정이에요.

초록탐정

환경을 살리는 방법, 특히 식물과
토양을 살리는 일에 관심이
많아요.

다람이

살고 있던 평화로운 숲에
일주일 째 원인 모를 산불이
이어지고 있어 고민이에요.

토룡이

얼마 전부터 계속 배가 아파요.
초록탐정이 내 몸 안에서
작은 알갱이를 발견했어요.

3. 알갱이의 정체

- 토롱이의 배가 아프대요
- 쓰레기는 어디로 갈까요?
- 플라스틱이 환경에 미치는 영향은?
- 쓰레기를 줄여요

1. 방화범을 찾아라

- 산에 불이 났대요!
- 기후 변화는 왜 일어날까요?
- 기후 변화가 식물에 미치는 영향은?
- 식물을 살리기 위해 노력해요
- 식량 부족 문제를 해결하려면?

토양을 살려줘요, 초록탐정!

2. 꿀벌 실종사건

- 꿀벌이 사라진대요
- 토양이 오염되고 있어요
- 무분별한 토양 개발은 이제 그만!

- 꿀벌이 집에 돌아오지 못하는 까닭은?
- 토양오염을 해결하려면?

단원열기

우리 생활과 식물

한여름에 시원한 모시옷을 입고 나무 그늘이 진 벤치에 앉아 달콤한 바닐라 아이스크림을 먹으며 책을 읽고 있어요. 여러분, 이 장면에 얼마나 많은 식물이 관련되어 있는지 알고 있나요? 우리 생활을 풍요롭게 해 주는 이런 제품들에 바로 식물이 사용되고 있어요. 바닐라 아이스크림의 원료인 바닐라빈은 바닐라 나무의 열매예요. 독특한 향이 있어 향신료로 이용되지요. 여름을 시원하게 날 수 있게 해주는 모시옷은 모시풀로 실을 내어 만든 옷이에요. 벤치는 통나무를 잘라 만들어요. 또 통나무를 잘게 쪼개어 만든 종이 펄프는 책을 만드는 재료예요. 나무가 만들어 주는 시원한 그늘은 우리에게 좋은 쉼터가 돼요.

이렇게 우리 생활 속 곳곳에 식물이 숨어 있어요. 우리의 삶과 밀접하게 연관되어 있는 식물, 아끼고 보호해야겠지요?

바닐라빈

종이 펄프

나무벤치

모시풀

나무 그늘

🌱 우리 생활에 식물이 어떻게 이용되는지 사다리를 따라가며 알아봅시다.
도움자료를 보고 □□□ 안에 이름을 적어보세요.

| 카카오 열매 |  목재 |  목화솜 |  아마존 열대우림 |

| | 산소 | | |

도움자료

| 종이 | 면 티셔츠 | 산소 |
| 초콜릿 | 플라스틱 물병 | 휴대폰 |

01 방화범을 찾아라!

🌸 산에 불이 났대요!

산에 불이 난 까닭은 무엇일까요?

초록탐정 사무소에 오신 여러분 환영합니다. 무엇을 도와드릴까요?

초록탐정님, 큰일 났어요. 산불이 일주일 째 꺼지지 않아요!

불이 난 원인을 모르니까 불을 끌 수도 없어요. 불이 꺼져도 계속 다시 붙거든요.

우리 함께 가서 살펴봅시다.

불이 시작된 곳을 찾아봅시다.

저쪽, 잎이 바늘처럼 뾰족한 나무가 많은 곳에서 시작됐어요.

음.. 인간이 불을 낸 흔적은 없군요. 주변 CCTV를 살펴봐도 불을 지른 사람은 없어요.

그렇다면 불의 원인은…. 귀신?

조건만 갖춰진다면 저절로 불이 날 수도 있어요. 바로 자연발화! 우리 자연발화의 원인이 무엇인지 함께 찾아볼까요?

🌱 아래 그림은 불을 만들어 내는 모습입니다. 괄호 안에 공통적으로 들어갈 낱말을 적어봅시다.

불이 잘 붙는 나무를 서로 문지르면 마찰에 의해 (ㅇㄷ)가 높아져 불이 붙게 됩니다.

불이 잘 붙는 물질을 준비한 후 그 위에 파이어 스틸을 문지르면 (ㅇㄷ)가 높아지면서 생긴 불꽃이 물질에 옮겨 붙어 불이 붙습니다.

그렇다면 산불이 왜 났는지 추리해 볼까요?

ㅇ   ㄷ

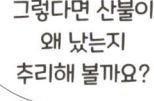

아, 맞아요! 해가 갈수록 숲이 너무 더워져서 나무와 동물들이 힘들어 했어요. 점점 건조해져 계곡물이 마르기도 하고요.

산에는 나무가 많으니까 불이 잘 붙는 물질은 원래부터 있었겠죠? 그럼 또 한 가지 조건인 온도가 높아졌다는 말인데…

다음은 우리나라와 지구 전체 평균 기온의 변화를 나타낸 것입니다. 기온 변화를 살펴보고 O, X 문제를 풀어봅시다.

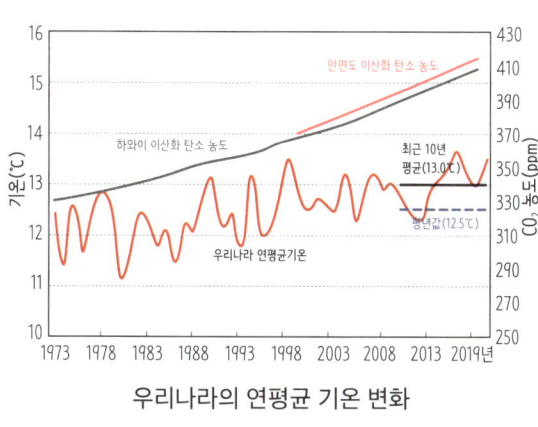

우리나라의 연평균 기온 변화

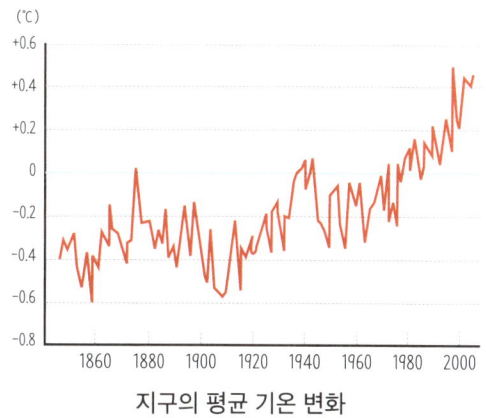

지구의 평균 기온 변화

1) 우리나라 연평균 기온이 가장 낮은 해는 2019년 이다. (O , X)

2) 지구 전체의 평균 온도는 점점 높아졌다. (O , X)

산불이 난 까닭이 무엇인지 친구들과 이야기 나누어보고 생각을 적어봅시다.

🌱 다음 기사에서 산불의 원인과 그로 인한 문제점이 무엇인지 찾아보고 O, X 퀴즈를 풀어봅시다.

기후변화, 마른 숲에 불을 지핀다

기후 변화로 1년 내내 산불 대응

2022년 3월, 울진에서 시작되어 삼척까지 번진 동해안 산불은 213시간 동안 타오르며 역대 최장기간, 최대 피해 면적을 기록했다. 전문가들은 이 산불이 이례적으로 오랫동안 강력한 위력을 떨친 배경으로 기후변화로 인한 극심한 가뭄과 건조한 날씨, 강풍을 꼽았다. 이처럼 기후변화는 더 이상 먼 미래의 위협이 아닌, 우리 눈앞의 현실적인

https://m.site.naver.com/21yMQ

출처: KBS 뉴스(2022. 6. 11.)

재앙으로 다가오고 있다. 과거 산불의 대부분은 입산자 실화나 논두렁 소각 등 인간의 부주의에서 비롯되었다. 하지만 과학자들은 최근 전 세계적으로 산불이 대형화되고 빈번해지는 근본적인 원인으로 '기후변화'를 지목하고 있다. 지구의 평균 기온이 상승하면서 대기는 더 많은 수분을 머금을 수 있게 되고, 이는 곧 지표면과 식물의 수분을 빼앗아 극도로 건조한 상태를 만든다. 기온 상승은 숲을 거대한 '불쏘시개'로 만든다.

토양은 습기를 잃어 메마르고, 나무들은 수분 부족과 병충해에 시달리다 말라 죽어간다. 이렇게 바싹 마른 나뭇잎과 나뭇가지들은 작은 불씨에도 쉽게 불이 붙고, 한번 시작된 불은 맹렬한 속도로 번져 나가 인간의 힘으로는 막기 힘든 대형 산불로 발전하게 된다. 더욱 우려스러운 점은 기후변화와 대형 산불이 '악순환'의 고리를 형성한다는 것이다. 산불이 발생하면 막대한 양의 산림이 소실될 뿐만 아니라, 나무가 머금고 있던 탄소가 이산화 탄소 형태로 대기 중에 대량 배출된다. 이렇게 배출된 온실가스는 지구 온난화를 더욱 심화시키고, 이는 다시 전 세계의 숲을 더욱 건조하게 만들어 또 다른 대형 산불을 유발하는 원인이 된다.

△△신문 20XX년 XX월 XX일 ○○○ 기자

1) 한번 붙은 불이 잘 꺼지지 않는 까닭은 기온 상승으로 땅의 습기가 적어졌기 때문이다.   ()

2) 가뭄과 병충해로 말라 죽은 나무는 산불을 더 키우는 원인이 된다.   ()

3) 식물이 사라지면 이산화 탄소 흡수량이 줄어 기후 변화를 일으킨다.   ()

🌱 기사를 참고하여 다음 물음에 대한 내 의견을 정리해봅시다

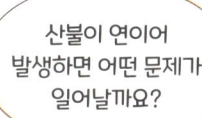

산불이 연이어 발생하면 어떤 문제가 일어날까요?

기후 변화는 식물이 살아가는 데 어떤 영향을 줄까요?

🌸 기후 변화는 왜 일어날까요?

🌱 다음은 미국 국립해양대기청에서 2024년 발표한 '1880년 이후 가장 뜨거웠던 연도 순위'입니다. 자료를 보고 이야기를 나누어 봅시다.

순위	연도	1900년대 평균 기온과 차이
1	2024	1.29℃ 높음
2	2023	1.19℃ 높음
3	2020	1.02℃ 높음
4	2016	1.01℃ 높음
5	2019	0.98℃ 높음
6	2017	0.93℃ 높음
7	2022	0.90℃ 높음
8	2015	0.89℃ 높음
9	2021	0.87℃ 높음
10	2018	0.85℃ 높음

1) 2016년 지구 평균 기온은 1900년대 평균 기온보다 약 1℃ 더 높다.　(🔵 , ❌)

2) 최근 7년은 지구 평균 기온이 가장 높은 해 1~7위에 해당한다.　(🔵 , ❌)

3) 위의 자료를 통해 지구의 온도가 점점 낮아지고 있음을 알 수 있다.　(🔵 , ❌)

기후 변화는 사람들이 편리한 생활을 위해 기술을 발달시키면서 심각해지고 있어요. 1800년대 산업혁명 이후 에너지 수요가 늘어나고, 화석 연료의 사용이 증가하면서 이산화 탄소 등 온실 기체의 양이 늘어났어요. 또 자동차와 공장의 매연 등 대기 오염 물질이 늘어나면서 기후 변화가 빨라졌답니다.

지구의 허파, 아마존의 경고

아마존 열대우림*은 지구 생명체가 숨쉬는 데 꼭 필요한 산소의 20%를 배출하고 있어요. 그런데 최근에는 이 지구의 허파인 아마존 일부가 제 기능을 잃고 산소가 아닌 이산화 탄소를 뿜어내기 시작했다고 해요. 이산화 탄소는 대표적인 온실 기체로 아마존이 오히려 기후를 변화시키는 지역이 되고 있다는 말인데, 과연 어떻게 된 일일까요?

불법으로 베어진 아마존 숲의 나무들

그 이유는 사람들의 무분별한 벌목**과 산불로 인한 삼림 파괴 때문이에요. 최근 몇 년 사이에 아마존의 많은 지역에서 수백 만 그루의 나무들이 벌목과 산불로 죽게 되면서 이산화 탄소 배출량이 산소 배출량을 넘어서 버린 거예요.

연구자들은 이런 추세라면 기후 변화때문에 앞으로 30년 안에 아마존의 절반 이상이 사라질 거라고 예상하고 있어요. 죽은 나무가 기후 변화를 일으키고 이 기후 변화가 다시 나무를 죽이는 거예요.

 아마존이 초원으로?

https://m.site.naver.com/21ljv

출처: KBS 뉴스 (2022. 3. 9.)

그렇다면 아마존에서는 왜 벌목과 산불이 발생할까요? 그건 바로 자연을 생각하지 않는 인간의 이기심 때문이에요. 소를 키울 넓은 땅을 만들기 위해 나무를 베고, 산에 불을 지르는 거지요. 사람들의 욕심으로 인한 아마존의 삼림 파괴는 기후 변화의 원인이 되어 다시 사람들을 위협하고 있어요. 아마존을 지키기 위해 앞으로 우리가 해야 할 일은 과연 무엇일까요?

* 열대우림 : 일년 내내 따뜻하고 비가 많이 내리는 지역의 활엽수림
** 벌목: 나무를 벰

🌸 기후 변화가 식물에 미치는 영향은?

🌱 1980년대와 2010년 작물 재배지를 비교하며 빈 칸을 채워봅시다.

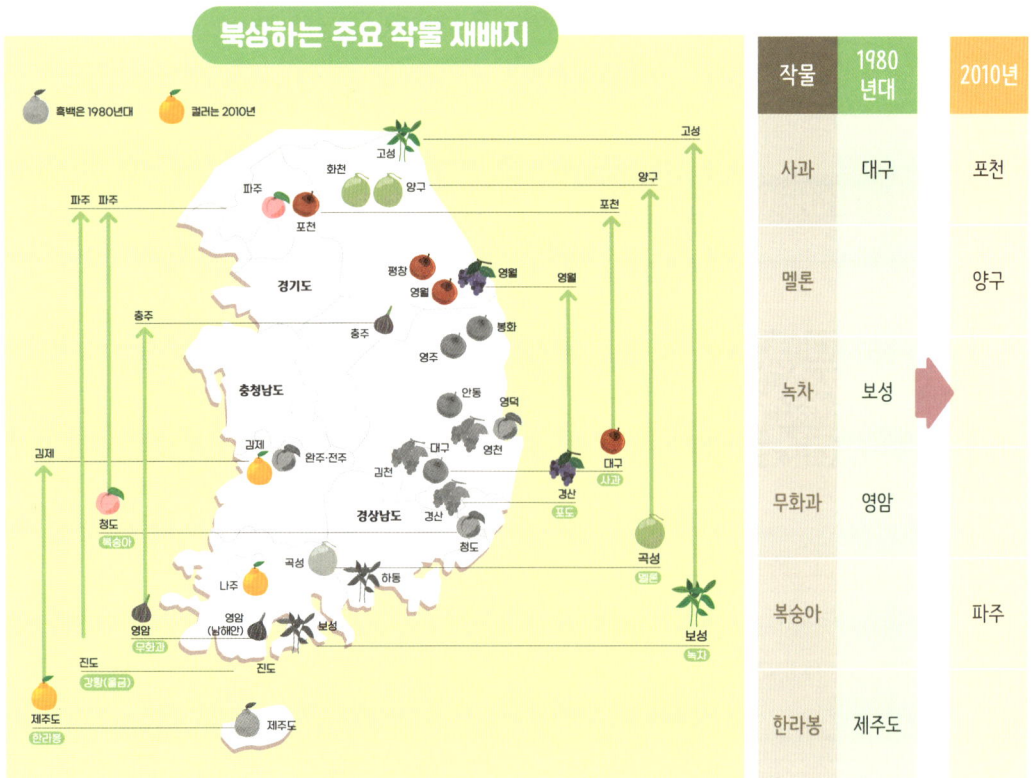

작물	1980년대	2010년
사과	대구	포천
멜론		양구
녹차	보성	
무화과	영암	
복숭아		파주
한라봉	제주도	

읽을거리

기후변화로 바뀌는 우리 식탁과 농업 지도

지구온난화의 영향은 우리 농촌 현장에서 가장 뚜렷하게 나타나고 있어요. 예전에는 대구와 영천의 대표 특산물이었던 사과는 이제 날씨가 시원한 강원도 정선과 양구에서 더 많이 재배되고 있지요. 포도와 인삼도 점점 북쪽인 강원도로 산지가 옮겨가고 있습니다. 심지어 전남 고흥에서는 올리브가 자라기 시작했고, 해남에서는 바나나와 파인애플 같은 열대 과일까지 수확하며 우리를 놀라게 하고 있어요.

이렇게 농업 지도가 바뀌는 이유는 기후변화 때문입니다. 지난 100년 동안 우리나라의 평균 기온이 1.7℃나 올랐거든요. 농민들은 갑작스러운 폭염과 집중호우, 그리고 갈수록 늘어나는 병충해 때문에 농사짓기가 매년 북상하는 태풍보다 더 힘들다고 호소하고 있습니다.

이런 추세라면 21세기 말에는 우리나라가 완전히 아열대 기후로 변할 수도 있어요. 그렇게 되면 우리 국민의 주식인 쌀 생산량이 25%나 줄어들 수 있다는 무서운 연구 결과도 나와 식량 안보에 비상이 걸렸습니다. 온실가스를 줄이는 노력과 함께, 데이터를 활용해 작물을 잘 키우는 '스마트팜' 같은 혁신적인 농업 기술이 반드시 필요합니다. 기후변화는 이제 먼 미래의 이야기가 아니라, 매일 우리 식탁을 직접적으로 위협하는 현실이 되었답니다.

 경남 사과 사라진다? 바뀐 과일지도

https://m.site.naver.com/21yMp

출처: KBS 뉴스(2022. 4. 21.)

🌸 식물을 살리기 위해 노력해요

🌱 우리 주변에서 일어나는 여러 가지 행동들이 식물의 삶에 어떤 영향을 주는지 생각하며 기호를 써 봅시다.

 식물을 사라지게 하는 원인이 되는 행동에 ×표를 해보세요.

(   )

(   )

(   )

(   )

(   )

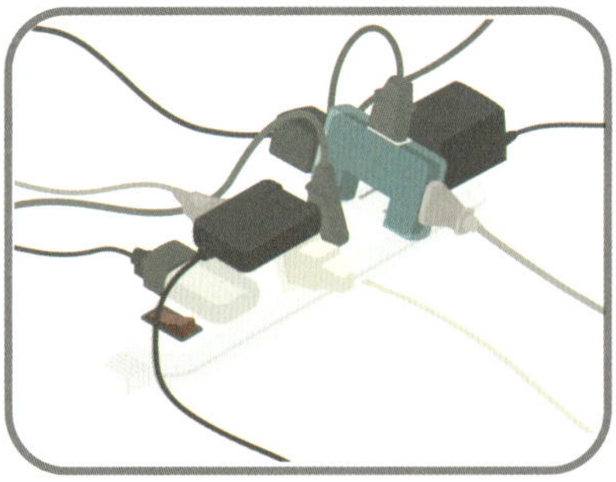

(   )

🌱 20쪽에서 살펴본 것 외에 식물을 사라지게 하는 또 다른 원인도 조사해보고, 해결 방법을 적어 봅시다.

식물을 사라지게 하는 행동

이러한 행동을 줄이는 방법

 식물을 사라지게 하는 원인과 이를 해결할 수 있는 올바른 행동을 연결해 봅시다.

원인

해결책

집집마다 자동차를 이용하고 빠른 속도로 달립니다.

가까운 거리는 걷거나 대중교통을 이용하고 자가용을 이용할 때는 규정속도로 달립니다.

농약을 많이 사용하여 농사를 짓습니다.

종이컵 대신 다회용 컵을 이용합니다.

냉장고에 음식을 꽉 채웁니다.

유기농 제품과 제철 식품을 먹습니다.

음식은 한번에 많이 만들고, 남은 음식은 버립니다.

음식은 적당히 만들어 먹고 남기지 않습니다.

산의 나무를 닥치는 대로 베어 생활에 필요한 종이를 많이 만듭니다.

냉장고에 음식은 꼭 필요한 만큼만 넣습니다.

🌱 식물을 살리기 위한 우리 반 생활 약속을 만들어 봅시다.

식물을 살리는 우리 반 생활 약속

1.
....

....

....

....

....

....

🌱 생활 약속을 교실에 붙이고 실천해 봅시다.

식량 부족 문제를 해결하려면?

하지만 당장 먹을거리가
없어진 저는 어쩌죠?
도토리 나무도
다 타버렸을 텐데….

사람도 위험해요.
이미 진행되고 있는
식량 부족을 해결할 방법은
없을까요?

식용작물을 심어 가꾸면
식량위기를 해결할 수 있어요.
고구마, 벼, 콩과 같이
식량으로 이용할 수 있는 것이
식용작물이랍니다.

🌱 내가 키우고 싶은 식용작물을 조사하여 글과 그림으로 표현해 봅시다.

이름 :	생김새
특징 :	

선택활동

식용작물 모종을 심어 길러보고 소감을 나누어 봅시다.

방울토마토

가지

상추

바질

읽을거리

햇빛 없는 실내에서 식물을 기르는 식물 공장

식물 공장은 온도, 습도, 이산화 탄소 농도 등 환경요인이 완전히 조절되는 실내에서 식물을 기르는 곳이에요. 태양광 대신 인공 광원, 흙 대신 영양분이 섞인 물 등을 사용해 식물을 재배하죠.

식물 공장

식물 공장은 외부 환경의 영향을 받지 않고 수직으로 층층이 쌓아 재배할 수 있어서 생산성이 높아요. 남극 기지나 우주정거장 등 식물을 재배하기 어려운 환경에서도 활용할 수 있어요.

곤충을 먹어야 하는 세상?

여러분, 혹시 '식용곤충'을 들어본 적이 있나요? 식량 문제 해결을 위해 곤충을 먹을거리로 이용하기 위한 노력도 이어지고 있어요.

우리 몸을 구성하는 데 필요한 단백질은 주로 고기에서 얻어요. 고기를 얻으려면 가축을 키우기 위해 많은 양의 풀과 물, 넓은 초원이 필요해요. 이 때문에 나무를 베어야 해요. 하지만 곤충을 식량으로 이용하면 풍부한 단백질을 얻을 수 있는 장점이 있고, 가축을 기르는 것에 비해 물과 나무를 지킬 수 있어요.

곤충을 식량으로 이용하는 것은 더 이상 놀라운 일이 아니랍니다.

농림축산식품부

환경적 가치
- 가축 사육 량에 비해 물 소비량 5배 이하 절감
- 사료 공급량 3~20배 절감

영양학적 가치
- 58~80%의 풍부한 단백질 함유
- 기타 비타민 및 무기질 함유

경제적 가치
- 미래의 인구 증가로 인한 식량 부족 위기 해결

식용곤충쿠키! 한번 먹어 볼까?

🌏 곤충은 중요한 미래 식량 자원이에요. 식용곤충을 이용하는 것이 앞으로 식물과 토양에 어떤 영향을 줄 수 있을지 조사해 적어봅시다.

🌸 사건 해결!

02 꿀벌 실종사건

🌸 꿀벌이 사라진대요

꿀벌 실종사건을 해결해 봅시다.

페이지 만화 내용:

얘들아!! 어디 있어? 다들 어딜 간거야.

무슨 일이지?

으앙~

친구들이 사라져 버렸어요.

버리님, 이럴 때 도움을 주실 분을 알아요! 날 따라와요~

흠... 요즘 일어나는 사건들의 규모가 점점 커져서 상황이 심각하군.

똑똑! 탐정님! 안녕하세요?

홀이님~ 잘 지내시죠? 뿌리내릴 곳은 찾으셨나요?

아직이요. 저보다 이 친구에게 심각한 일이 발생했어요. 탐정님의 도움이 필요해요.

어떤….

친구들이 꿀 따러 가서 집에 돌아오질 않아요. 일버리도, 이버리도, 삼버리도 집에 안 왔어요.

흠…. 이건 연쇄적으로 일어난 사건같은데….

흐음, 냄새가 나는군. 수상한 사건의 냄새가…. 범인은 누굴까?

🌸 꿀벌이 집에 돌아오지 못하는 까닭은?

꿀벌이 사라진 원인을 생각하며 빈칸에 알맞은 말을 적어봅시다.

아니, 이 모습들은 너무 충격적인 걸?

(ㅅ ㅅ ㅂ)로 인한
토양의 산성화

(ㅆ ㄹ ㄱ)매립으로 인한
토양오염

(ㄱ ㅊ ㅂ ㅅ ㅁ)로 인한
토양오염

(ㅇ ㅅ ㅁ ㅆ ㄹ ㄱ) 매립으로 인한 토양오염

공장(ㅍ ㅅ), 가정하수로 인한 토양오염

무분별한 (ㄴ ㅇ)과 (ㅅ ㅊ ㅈ) 살포

여기에 꿀벌들이 누워있어요!

일버리야! 이버리야! 너희들 왜 이래!?

으···. 농약과 살충제에 중독된 것 같아.

정답은 35쪽에

국내 재래종 꿀벌 증감

(단위: t)

38만3418
17만 1827
10만 0756
14만 9172
9만 8899
9만 4383
10만 9818
11만 9028
16만 5718
12만 9816
13만 1530

2009 2010 2011 2012 2013 2014 2015 2016 2017 2018 2019년

자료: 농림축산식품부 기타가축통계

국내 꿀벌 사육 개체수 변화

2009년
38만3418군

2013년
9만8899군

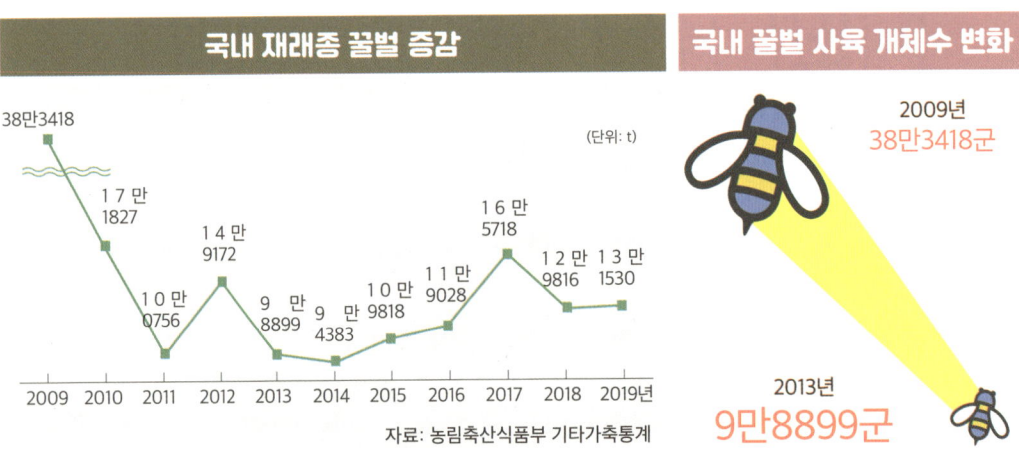

위 그래프를 통해 꿀벌의 개체수가 점점 감소하고 있음을 알 수 있어요.

"벌통에 죽은 벌만 수두룩"... 또 반복된 꿀벌 실종

https://m.site.naver.com/21lcX

출처 : KBS 뉴스(2013. 7. 9.)

요즘 뉴스에서 기후 변화로 꿀벌 개체수가 감소한다고 하더니, 농약과 살충제도 또 다른 원인이었군!

살충제가 먹이연쇄를 통해 생태계에 미치는 영향

물에 섞인 네오니코티노이드 살충제를 농작물, 꽃잎, 나무에 사용(주로 한국에서 사용)

벌들이 꽃가루나 꿀을 채취하다 네오니코티노이드 독성에 노출

씨앗 표면에 묻은 네오니코티노이드가 농작물이나 꽃 등을 통해 확산 (주로 미국, 유럽에서 사용)

꿀벌의 수가 감소하면 꽃가루받이가 일어나지 않아 결국엔 인간이 멸종할 수도 있겠어.

흩뿌려진 물이나 씨앗 조각, 먼지 등에 포함된 네오니코티노이드가 토양에 흡수

새가 네오니코티노이드에 오염된 벌, 곤충 섭취

흙에 남아있던 네오니코티노이드가 바다, 강으로 이동

인간의 삶에 미치는 영향

주요 농작물 중 70%가 꿀벌의 도움으로 수분이 이뤄져요.

연간 생산되는 전체 식량 자원의 30% 이상 꿀벌에 의존해요.

꿀벌이 식량 자원 재배에 기여하는 경제적 가치가 최소 370조 원이에요.

무분별한 농약, 살충제의 살포는 우리에게 어떤 위협이 되고 있나요?

읽을거리

꿀벌이 멸종하면 일어날 수 있는 충격적인 일

꿀벌은 오랜 옛날부터 인간에게 꿀과 밀랍을 주었던 고마운 곤충이에요. 그런데 최근 들어 전 세계적으로 꿀벌의 수가 감소하고 있다고 해요. UN은 2017년 전 세계 2만 종의 야생벌 중 약 8천 종이 멸종 위기라고 발표했어요. 꿀벌이 사라지면 우리 생활에 어떤 영향을 줄까요?

1. 꿀을 구할 수 없게 됩니다. 꿀은 인류의 유용한 먹을거리이며, 화장품, 상처와 기침 치료제로 쓰이는 등 우리 생활에 꼭 필요한 식품이에요.

2. 마트에서 볼 수 있는 채소나 과일의 상당 수가 사라집니다. UN에 따르면 식량의 90%를 담당하는 100여 종의 작물 중 70종이 넘는 식물이 꿀벌에 의해 꽃가루받이가 이루어져요. 꿀벌이 사라지면 씨앗이 맺히지 않아 식물이 자라지 못하고, 마트 음식의 절반 이상이 사라진다고 해요.

아몬드 **100**%

사과 **90**%

당근 **90**%

양파 **90**%

내가 꽃가루 받이를 도와요.

3. 면옷을 입을 수 없습니다. 면은 목화라는 식물의 꽃인 목화솜으로 만든 옷감이에요. 목화의 꽃가루받이에도 꿀벌이 필요해요.

4. 유제품을 먹을 수 없습니다. 젖소 먹이의 대부분은 '알팔파'라는 건초로서 꿀벌의 꽃가루받이가 필요한 식물이에요. 꿀벌이 사라지게 된다면 젖소는 먹이가 없어지고 결국 사람도 젖소가 생산하는 유제품을 먹을 수 없게 되겠죠.

5. 음식 값이 상승하고 영양이 부족해집니다. 꽃가루받이가 안되어 과일이나 채소가 자라지 못하면 음식이 부족해져요. 음식이 부족해지면 음식의 가격은 오르겠지요? 우리는 적당한 양의 음식을 섭취하지 못하면 영양소가 부족하게 되어 질병에 걸리기 쉬워요.

6. 세계 경제가 무너질 위험이 있습니다. 음식부족, 목화의 감소, 축산업의 어려움은 여러 가지 산업에 영향을 미치고, 결국 전 세계적으로 경제가 큰 어려움을 겪게 되는 것이지요. 한 예로 세계에서 세 번째로 목화솜을 많이 생산하는 미국은 이 분야의 산업에 1년에 210억 달러, 12만 명이 넘는 사람들이 종사하고 있습니다. 이 산업이 사라지면 어떻게 될지 상상할 수 있겠죠?

이렇게 우리 삶에 큰 영향을 주는 꿀벌 감소의 원인은 지구온난화, 바이러스, 전자파 등 다양하지만 전문가들이 뽑는 큰 원인 중 하나는 니코틴계 신경 자극성 살충제인 '네오니코티노이드' 성분이라고 합니다. 이 살충제는 꿀벌의 기억을 빼앗고, 여왕벌의 개체수를 줄여 꿀벌 전체 군집의 수를 줄인다고 해요.

우리나라도 2035년 안에 꿀벌이 완전히 멸종될지도 모른다고 해요. 생태계의 중요한 매개체인 꿀벌의 소중함을 알고, 꿀벌을 보호할 수 있도록 우리가 조금 더 관심을 갖고 노력해야겠어요.

30, 31P 정답 : 1. 산성비 2. 쓰레기 3. 가축배설물 4. 음식물 쓰레기 5. 매수 6. 농약, 유용미생물

🌸 토양이 오염되고 있어요

내가 왜 농약과 살충제를 많이 뿌리는 줄 알아? 수확량이 줄어서 그래.

좀 더 자세하게 말씀해 주시겠어요?

언덕 넘어 쓰레기 처리장이 생긴 뒤로 땅이 질퍽거리고 냄새도 심해졌어. 벌레가 많이 생겨서 농약과 살충제를 뿌리지 않으면 농사를 지을 수 없다고…

땅에서 썩는 냄새가….

읽을거리

쓰레기 매립장에 의한 환경오염

쓰레기 매립장은 수질, 토양, 대기 등 넓은 범위의 환경을 오염시키고 있어요. 쓰레기 자체에서도 환경오염이 발생됨은 물론, 쓰레기 매립장에서 나오는 침출수와 매립가스가 환경오염의 주원인이에요.

침출수*에는 수은, 납, 카드뮴 등 중금속이 다량 함유되어 있어 이러한 침출수가 강이나 토양으로 번질 경우 광범위하고 심각한 오염을 일으켜요. 또한 쓰레기가 썩으면서 나오는 암모니아성 질소는 심한 악취를 유발해 대기오염의 큰 부분을 차지해요.

* 침출수 : 쓰레기 등 폐기물이 썩어 지하에 고였다가 흘러나오는 물

읽을거리

토양오염이 건강에 미치는 영향

• 원진레이온 공장 부지 토양오염 사건

비스코스 섬유를 제조하던 원진레이온 공장 부지에 다량의 산업폐기물이 매립되어 토양이 오염된 사건이에요. 공장이 가동될 때부터 산업폐기물을 공장부지 내에 묻어 납, 크롬, 톨루엔 등 중금속으로 오염되었으며 토양은 강한 산성이 되었어요.

원진레이온 폐기물 불법매립

비스코스 원액고체 수천t 묻어…인근주민 땅·물 오염 불안

• 일본, 이타이이타이병* 사건

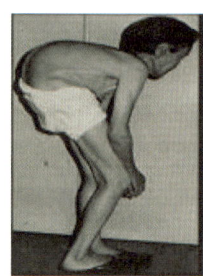 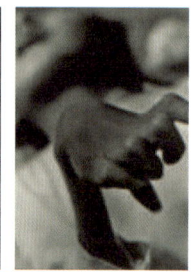

사진출처:(CC)XingXiong at 2009.igem.org

미츠이 광산에서 많은 양의 물을 사용하는데 사용 후 방류된 폐수가 강 하류 지역의 농업지역에 용수로 흘러갔어요. 이로 인해 농토가 오염이 되고 토양에서 길러진 농산물도 중금속에 오염이 되었지요. 농산물과 물을 섭취한 지역 주변 사람들 수백 명은 극심한 고통을 호소하였고 그 중 상당수가 뼈가 굽거나 부서져 사망에 이르렀어요.

* 이타이이타이병: "이타이 이타이"는 문맥적으로 "아파 아파"라는 의미의 일본어에서 유래된 것으로 카드뮴 중독으로 인하여 발생한 공해병

토양은 물이나 공기에 비해
오염물질의 제거가 어렵고 더
많은 비용이 든다는 게 문제예요.
토양오염은 물, 공기오염의 원인이
되기도 해서 더욱 더 신경 써야 해요.

토양오염이 지속된다면 우리 생활에 어떤
문제점이 생길지 적어봅시다.

_____

_____

_____

_____

📎 선택활동

우리 주변 토양의 산성도를 측정해봅시다.

준비물 : 투명컵, 나무막대, 거름종이, 숟가락, pH시험지, pH색 변환표, 정수기 물,
여러 가지 흙(운동장 흙, 논 흙, 밭 흙)

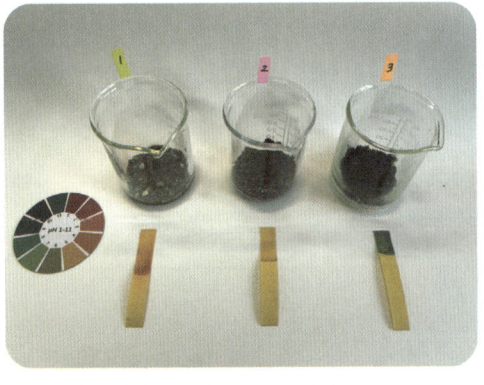

우리 주변의
토양 산성도는 어때?

1) 투명컵 3개에 ①, ②, ③ 번호를 표시하기

2) 각 투명컵에 서로 다른 흙을 넣고 흙이 잠길 정도로 물을 부어 막대로 젓기

3) 거름종이를 접어 컵에 끼우고 흙 거르기

4) 걸러진 용액을 나무막대로 찍어 pH시험지에 묻히고 색 변화로 토양의 산성도
확인하기

🌸 토양오염을 해결하려면?

토양오염을 해결할 수 있는 방법을 알아봅시다.

친환경 농업

합성농약이나 화학비료 등 환경오염을 일으킬 수 있는 제품들을 사용하지 않고 안전하게 농산물을 생산하는 방법

대표적으로 '우렁이 농법'이 있어요.
모내기를 한 후 5일 이내에 왕우렁이를 논에 넣어서
잡초를 제거하는 농법입니다.
제초제, 농약을 사용하지 않아 안전하고 친환경 쌀을
생산할 수 있어서 소비자들에게도 좋고
좋은 품질의 쌀을 생산할 수 있기에
농민들도 높은 소득을 올릴 수 있죠.

또 다른 친환경 농법을 조사해 볼까요?

오리 농법이란?

효과

농법이란?

효과

와!
이렇게 다양한
친환경 농법이
있었던 거예요?

사실 친환경 농법은 농민들에겐
일반 농법보다 몇 배 더 힘들지만 환경을
위해 감수한다고 해요.
우리 가족의 건강과 토양오염을 줄이기 위해
친환경 농산물을 이용해야겠지요?

읽을거리

농장로봇

요즘 로봇기술이 발달해서 레이저 발사 로봇으로 잡초의 성장세포를 불태울 수 있어요.
이 로봇을 이용하면 제초제를 사용할 필요가 없어서 토양이 건강해지는데 도움을 줄 수 있지요.

종자개량

종자개량 된 쑥을 이용해 중금속에 오염된 토양을 정화시키는 기술을 우리나라에서 개발했어요. 지금도 여러 연구들이 진행중이랍니다.

기술개발로 토양오염을 막고 더러워진 토양을 정화시킬 수 있군요!

기술개발로 토양오염을 막는 것 대찬성! 그런데 실생활에서 토양오염을 줄일 수 있는 방법은 없을까요?

요즘 들어 EM이 각광받고 있어요. EM에 대해 알아볼까요?

EM(Effective Micro-organisms) : 유용미생물군

EM은 유산균, 광학성 세균, 효모균 등 80여종의 유효 미생물의 복합체입니다.

지구상에 존재하는 미생물의 약 80%는 나쁜 미생물이 많이 있는 곳에서는 부패나 오염을 일으키지만 유익한 미생물이 많은 환경에서는 유익한 역할을 해요. EM은 유익한 방향으로 균들을 유도하는 역할을 담당합니다.

EM은 세제, 탈취제 등 일상생활의 많은 분야에 활용할 수 있어요.

식물을 기르다 보면 각종 벌레, 진드기가 많이 생겨요.
EM발효액으로 인체에 무해하면서도 효과적으로
벌레를 퇴치할 수 있는 천연살충제를 만들어보아요.
해로운 화학 물질을 사용한 것이 아니어서
토양오염을 걱정하지 않아도 되겠죠?

📎선택활동 1

EM발효액으로 천연살충제 만들기

환경오염 방지를 위해
EM발효액을 무료로
나눠주는 공공기관도
있어요.

발효액을 500배정도
물에 희석시켜 사용하면
식물영양제로도
매우 좋아요.

**EM발효액 60% + 소주 20% + 식초 20%를 섞어
일주일동안 발효시키면 천연살충제 완성!**

계피로 천연살충제 만들기

준비물 : 소독용 에탄올, 빈 스프레이 병, 계피가루,
물 500mL, 다시팩, 거름종이, 수조

계피로 천연살충제를
만들어보아요.

소독용 에탄올, 빈 스프레이 병, 계피가루,
물 500mL, 거름종이를 준비해요

물 500mL와 계피가루 1숟가락을
섞어주세요.

계피가루를
걸러줘야
스프레이가
막히지 않아요.

거름종이에 다시 한
번 걸러요.

다시팩에 계피가루물을
1차로 걸러요.

진딧물이 붙은
식물에 뿌려주면
좋겠어!

빈 스프레이 병 크기에 맞춰서 에탄올과 계피가루물을
1 : 3(예-100mL : 300mL)의 비율로 넣어주면 끝!

🌐 토양오염을 줄일 수 있는 다른 방법을 조사해봅시다.

🌱 토양오염을 줄이기 위한 방법을 찾아 꾸준히 실천해 봅시다.

잘함: ○　보통: △　못함: X

토양오염을 줄이는 나의 실천　　　날짜				

🌸 무분별한 토양 개발은 이제 그만!

무분별한 토양 개발로 인한 피해를 조사해 봅시다.

🌱 무분별한 자원 채굴로 인한 피해를 알아 봅시다.

스마트폰의 핵심 원료인 '콜탄' 채굴 과정에서 고릴라의 생존이 심각하게 위협받고 있다. 아프리카 콩고 민주 공화국은 고릴라의 주 서식지이자, 전 세계 콜탄 매장량의 약 80%를 차지하는 곳이다. 전자제품 수요가 급증하면서, 돈을 벌기 위한 무분별한 채굴로 고릴라가 사는 숲이 빠르게 파괴되고 있다. 이 비극의 배경에는 불공정한 경제 구조가 자리한다. 콩고의 채굴 노동자들은 위험한 환경에서 일하며  적은 돈을 받지만, 이를 거래하는 거대 기업들은 막대한 이익을 얻는다. 결국 가난한 사람들의 노동력과 동물의 희생을 발판으로 기업이 이익을 얻는 상황이 숲의 파괴를 부추긴다.

인간의 이기심이 만든 악순환의 끝에서 고릴라들은 집을 잃고 멸종의 길로 내몰리고 있다. 우리의 편리한 일상이 다른 한편에서는 한 생물 종의 생존을 위협하는 비극을 낳고 있다.

🌍 또 다른 무분별한 자원 채굴 피해 상황을 조사해 봅시다.

반짝이는 유혹의 검은 그림자, 스마트폰의 경고

흔히 자동차 매연이나 공장 폐수를 환경오염의 주범으로 생각하지만, 우리 손안의 스마트폰 역시 지구를 병들게 하는 '숨은 오염원'이다. 핵심 원료인 희토류를 채굴, 정제하는 과정에서는 유독성 폐수가 강과 토양을 오염시키고, 제품 한 대를 생산하는 과정에서 수십 킬로그램의 이산화 탄소가 대기 중으로 배출된다.

스마트폰을 사용하는 순간에도 오염은 계속된다. 영상 스트리밍이나 클라우드에 사진을 저장할 때, 전 세계 거대한 데이터센터는 막대한 전력을 소비한다. 이 서버를 가동하고 냉각시키기 위해 발전소는 쉴 새 없이 온실가스를 뿜어내며 보이지 않는 탄소 발자국을 남긴다.

평균 2~3년에 불과한 짧은 교체 주기는 더 큰 문제를 낳는다. 매년 전 세계에서 발생하는 수천만 톤의 전자 폐기물은 제대로 처리되지 않으면 중금속 등 유해 물질을 유출시켜 심각한 2차 오염을 일으키는 골칫거리가 된다.

디지털 시대에 스마트폰을 외면할 수는 없다. 하지만 제조사는 재활용 소재 사용을 늘리고 수리가 쉬운 제품을 설계해야 하며, 소비자는 더 오래 사용하고 올바르게 분리 배출하는 책임감 있는 자세를 가져야 한다. 편리함의 그늘에 가려진 환경 비용을 이제는 직시해야 할 때다.

 당신이 인터넷을 사용할 때마다 환경오염

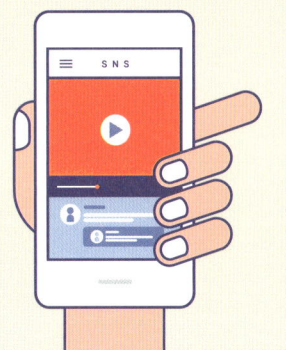

https://m.site.naver.com/21zdx

출처: KBS 뉴스(2019. 12. 9.)

🌱 스마트폰으로 인한 환경오염을 경고하는 홍보포스터를 만들어 봅시다.

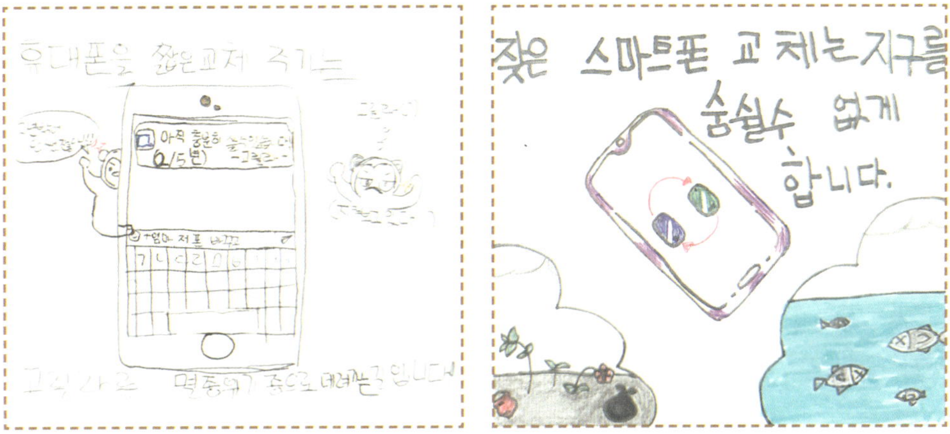

읽을거리

개발 논리에 밀려 설 곳 잃는 한강 하구의 재두루미

과거 3천 마리가 넘는 재두루미가 겨울을 나기 위해 찾아오던 한강 하구가 이제는 그들을 찾아보기 힘든 곳이 되어가고 있다. 전 세계에 고작 6천여 마리만 남은 귀한 멸종위기종이자 천연기념물인 재두루미에게 한강 하구는 핵심적인 월동지였으나, 계속된 개발의 여파로 현재는 수십 개체만이 겨우 관측될 정도로 그 수가 급감하며 사실상 명맥이 끊어질 위기에 처했다.

이러한 비극의 가장 큰 원인은 인간의 무분별한 개발이다. 1980년대 이후 계속된 신도시 건설과 농경지 매립은 재두루미의 유일한 서식지였던 광활한 논과 습지를 영원히 빼앗아 갔다. 특히 경인 아라뱃길과 같은 대규모 국책 사업은 서식지 환경에 돌이킬 수 없는 치명적인 변화를 초래했다. 이에 환경 단체들은 "정부와 개발 공사들이 경제 논리만을 앞세워 멸종위기종의 마지막 생존 공간마저 파괴하고 있다"며 강하게 비판한다.

더욱 아이러니한 사실은, 생태계를 살리겠다며 추진된 사업마저 자연을 파괴하고 있다는 점이다. '김포한강야생조류생태공원' 조성 사업은 생태 관찰의 핵심 공간이던 기존 습지를 중장비로 무참히 짓밟으며 또 다른 생태계 훼손을 낳았다. 생명에 대한 깊은 고민 없이 이름만 포장된 '친환경' 개발이 얼마나 모순적인 결과를 낳는지, 한강 하구의 현실이 똑똑히 보여준다.

△△신문 20XX년 XX월 XX일 ○○○ 기자

🌸 사건 해결!

탐정님 덕분에 친구들을 찾고 사라진 원인도 알게되어 너무 좋았어요.

조금만 늦었다면 정말 큰일날 뻔 했어요.

토양에 이렇게 많은 문제가 있다는걸 알게 되어 다행이에요.

앞으로는 좀 더 신경써서 생활해야 할 것 같아요. 나보다는 우리 지구 공동체를 위한 실천이 필요해요.

초록탐정님 덕분에 사건 해결도 하고 환경보호에 대한 의지도 다질 수 있었어요. 저도 빨리 뿌리를 내릴 수 있도록 노력할게요!

초록탐정님, 다음에 만날 땐 좋은 일로 만나면 좋겠어요.

버리님, 홀이님 모두 행운을 빌어요!

🌸 토룡이의 배가 아프대요

토룡이의 배는 왜 아플까요?

🌱 하루 동안 교실에서 내가 배출하는 쓰레기를 모아보고 그 종류를 알아봅시다.

사용한 것	쓰레기의 종류
(예시) 쉬는 시간에 낙서한 종이를 버렸다.	종이

🌱 교실에서 모은 쓰레기를 재활용할 수 있는 물건과 할 수 없는 물건으로 분류해 봅시다.

재활용할 수 있는 물건	재활용할 수 없는 물건

🌍 이 활동을 통해 느낀 점을 적어봅시다.

🌸 쓰레기는 어디로 갈까요?

🌱 <보기>를 참고하여 빈 칸을 채워 생활 폐기물 처리과정을 완성해 봅시다.

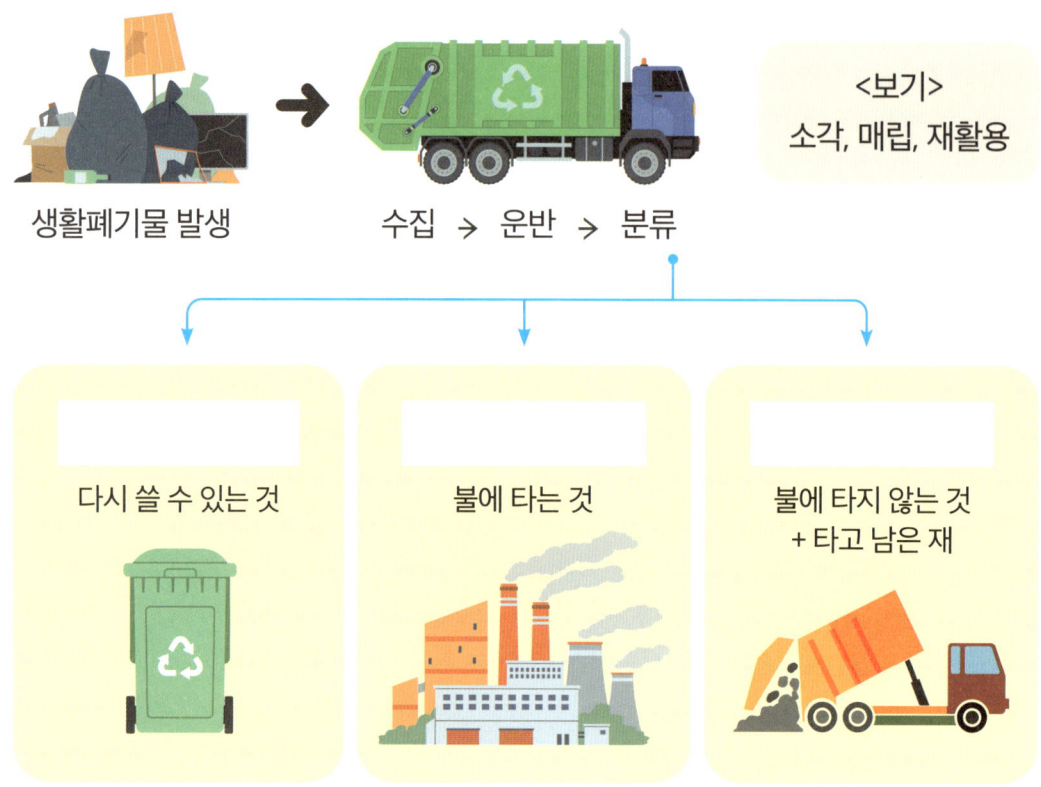

생활폐기물 발생

수집 → 운반 → 분류

<보기>
소각, 매립, 재활용

다시 쓸 수 있는 것	불에 타는 것	불에 타지 않는 것 + 타고 남은 재

🌱 위의 방법 중 가장 좋은 방법과 가장 나쁜 방법은 무엇일까요?

가장 좋은 방법은 (　　　)이다.
왜냐하면

＿＿＿＿＿＿＿＿＿＿＿＿

＿＿＿＿＿＿＿＿＿＿＿＿
　　　　　　　　이기 때문이다.

가장 나쁜 방법은 (　　　)이다.
왜냐하면

＿＿＿＿＿＿＿＿＿＿＿＿

＿＿＿＿＿＿＿＿＿＿＿＿
　　　　　　　　이기 때문이다.

폐기물을 태우면 이산화 탄소가 발생해 기후 변화를
일으킬 뿐만 아니라 미세먼지나 재, 각종 중금속과
독성 물질로 인해 공기가 오염돼요. 물질을 태울 때
나오는 폐수로 물이 오염되기도 한답니다.

소각

재활용

분리배출을 잘하면
소각과 매립을 줄이고
재활용 비율을 높여 환경을
깨끗하게 지킬 수 있어요.

매립지를 만들 때 동식물의 서식지가 파괴돼요.
매립지에 묻은 쓰레기는 토양을 오염 시킬 뿐만
아니라 땅 속 지하수도 오염시켜요.
물질이 썩으면서 온실기체와 악취를
발생시키기도 하지요.

매립

🌸 플라스틱이 환경에 미치는 영향은?

토양을 깨끗하게
지키려면 분리배출을
잘해야겠어요.
그런데 우리가
분리배출한 쓰레기는
재활용이 잘 되고
있을까요?

제가 사는 곳에
많은 양의
플라스틱 페트병이
아무렇게나
버려져 있어요.

🌱 우리는 생활에서 플라스틱 제품을 많이 이용해요. 플라스틱 제품이 실제로 얼마나 재활용되는지 알아보고 느낀 점을 적어봅시다.

65년간 생산된 플라스틱의 흐름

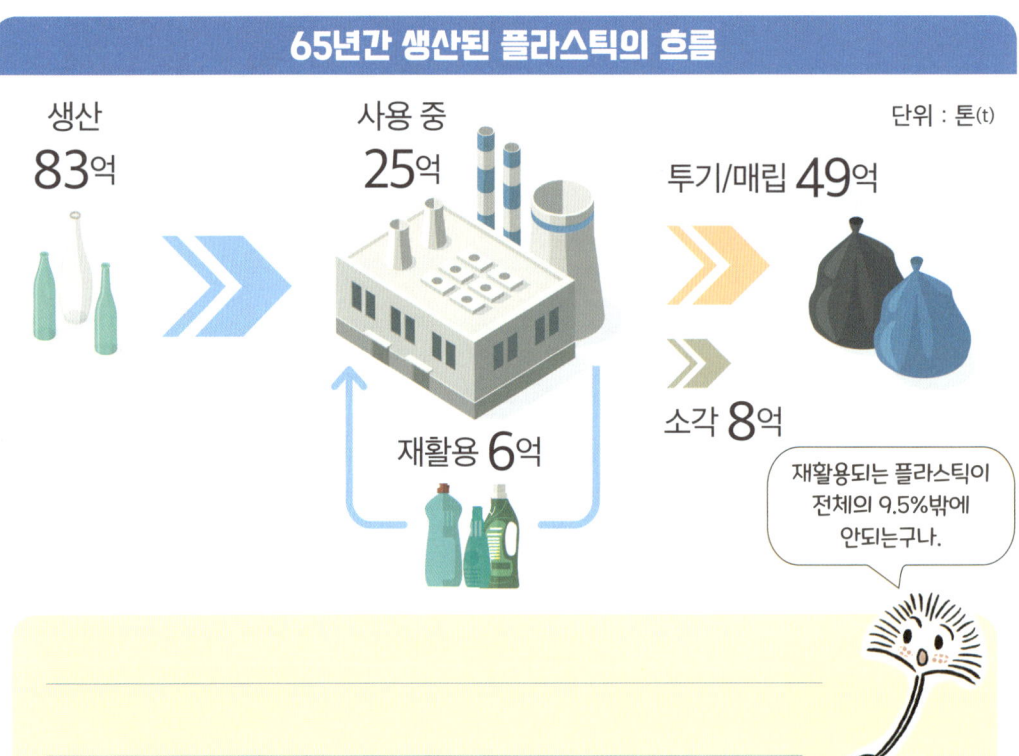

단위 : 톤(t)

생산 **83억**

사용 중 **25억**

투기/매립 **49억**

소각 **8억**

재활용 **6억**

재활용되는 플라스틱이
전체의 9.5%밖에
안되는구나.

🌱 다음은 플라스틱 사용이 환경에 주는 영향을 나타낸 것입니다. 나의 플라스틱 사용 습관을 점검해 봅시다.

플라스틱이 썩는 데 걸리는 시간
- 일회용 비닐봉투 **500**년
- 플라스틱 병

매년 플라스틱 쓰레기로 인해 죽는 해양 생물
- 바닷새 **100**만 마리
- 해양 포유류 **10**만 마리

연간 사용 현황
- 일회용 비닐봉투 **220**억 장
- 한국인 1인당 일회용 컵 사용량 **512**잔

매년 전 세계 바다에 유입되는 플라스틱 양
- 플라스틱 **800**만 톤
- 바다 쓰레기 중 플라스틱의 비율 **80**%

계속 플라스틱을 많이 사용하면 환경에 어떤 영향을 줄까요?

나의 플라스틱 사용 습관	잘함	보통	개선필요

일회용 병 대신 여러 번 쓸 수 있는 병에 물을 담아 마신다.

배달음식을 줄여 플라스틱 포장 용기를 적게 사용한다.

물 티슈나 티백이 플라스틱으로 이루어져 있음을 알고 덜 사용하려고 노력한다.

페트병의 라벨을 떼고 뚜껑과 분리해서 버린다.

제가 사는 곳에 쓰레기가 많아서 배가 아픈 걸까요?

신문기사에서 알갱이의 정체를 발견했어요. 여러분도 그 정체를 찾아 ○로 표시해 보세요.

 # 땅속의 비명, 미세플라스틱에 신음하는 지렁이

 인간이 무분별하게 버린 플라스틱이 토양 생태계의 가장 중요한 일꾼인 지렁이를 공격하며 땅속 생태계를 파괴하고 있다. 잘게 부서진 미세플라스틱이 흙으로 스며들면서, 이를 피할 방법이 없는 지렁이들이 심각한 피해를 받고 있는 것이다. 지렁이는 흙과 함께 유기물을 섭취하는 과정에서 토양에 섞인 미세플라스틱을 그대로 먹게 된다. 연구에 따르면, 미세플라스틱을 섭취한 지렁이는 생장이 둔화되고 번식 능력에 큰 문제가 생기는 등 생존에 직접적인 위협을 받는다. 이는 지렁이 개체 수의 감소로 이어져, 땅을 비옥하게 만드는 지렁이 본연의 역할이 마비되고 결국 토양 생태계 전체가 병드는 결과를 초래한다. 더 큰 문제는 미세플라스틱으로 고통받는 지렁이가 의도치 않게 오염의 통로가 된다는 점이다.

 미세플라스틱을 품은 지렁이를 새나 두더지 같은 상위 포식자가 섭취하면서, 플라스틱 오염은 먹이사슬을 타고 생태계 전체로 확산된다. 결국 땅속에서 시작된 지렁이의 비극은 생태계 전반의 위기로 번져나가 결국 인간에게 되돌아올 수밖에 없음을 경고한다.

미세플라스틱 섭취

분변토 배출

알갱이의 정체는 바로! 매립한 쓰레기로부터 만들어진 (   ) 플라스틱이었군요!

△△신문 20XX년 XX월 XX일 ○○○ 기자

🌱 플라스틱이 환경과 인간에게 주는 영향을 살펴봅시다.

사람마다 일주일에 평균 5g의 미세플라스틱을 섭취하고 있대요. 매 주 신용카드 1장, 매 달 칫솔 1개를 먹고 있는 셈이래요.

🎞 침묵의 공포, 미세플라스틱

https://m.site.naver.com/21IjU

출처: KBS 시사기획 창(2019. 9. 21.)

- 수돗물, 생수, 맥주 등에서 미세플라스틱 검출
- 화장품·치약 등 스크럽 제품에도 미세플라스틱 검출

- 프랑스 파리 등지에서 대기 중 미세플라스틱 발견
- 합성섬유·고무 타이어·가구·폐기물 소각장 등에서 발생한 미세플라스틱이 바람을 타고 대기 중 이동
- 체내로 유입될 경우 호흡기 질환 등 유발 가능

- 바다로 흘러 들어간 미세플라스틱은 자외선·파도·미생물 영향으로 나노미터 크기로 작아짐
- 해양생물에 축적돼 이를 섭취하는 인간에게 영향

 ## 쓰레기를 줄여요

🌱 쓰레기를 줄이기 위한 해결책을 찾아 실천해 봅시다.

🌱 다시 쓸 수 있는 것과 다시 쓸 수 없는 것을 잘 구분해서 분리 배출하면 쉽게 재활용할 수 있습니다. 아래 <보기>의 물건들을 선으로 연결해 바르게 분리 배출해 봅시다.

읽을거리

재활용 표시, 그것이 알고 싶다!

재활용 마크는 태극모양을 기초로 우리나라를 상징하며, 위의 반원은 육지, 아래의 반원은 바다를 의미해요. 두 반원을 합친 모습은 지구를 의미하고 화살표는 생태계의 상호순환과 재활용을 뜻해요.

이 종이는 재활용이 가능합니다

재활용이 가능한 폐기물의 재질은 글자와 색깔로 구분해요. 이 중 비닐류와 플라스틱은 그 종류가 매우 다양하여 재질의 종류를 아래쪽에 따로 표시하고 있어요. HDPE는 고밀도 플라스틱으로 샴푸나 세제류의 용기에, LDPE는 저밀도 플라스틱으로 주로 우유병이나 막걸리병 등에 사용돼요. PP는 폴리프로필렌의 약자로, 고온에도 잘 견디는 특성이 있어 수저나 접시, 쟁반, 도시락통 등에 사용돼요. 파이프, 시트 등에 사용되는 PVC나 장난감, 스티로폼에 사용되는 ps는 환경호르몬이나 발암물질을 방출하는 것으로 알려져 되도록 사용하지 않는 것이 좋아요.

다양한 재활용 표시

길에 떨어진 쓰레기도 다시 보자. 줍깅!

'줍깅'은 스웨덴 어로 줍다(plocka up)와 달리기(jogging)을 합한 플로깅(plogging)을 우리말로 바꾼 것으로, 걷거나 뛰면서 길에 떨어진 쓰레기를 줍는 봉사활동을 말해요. 운동과 환경 실천을 결합한 이 활동은 도쿄 올림픽 비공식 종목으로 채택되기도 했어요. 오늘부터 '줍깅'으로 환경도 지키고 건강도 지켜보는 건 어떨까요? 주운 쓰레기는 재활용할 수 있도록 분리배출 하는 것도 잊지 마세요!

🌱 다음 신문기사를 읽고 분리배출을 실천해 봅시다.

 # 플라스틱의 화려한 변신, 페트병이 옷이 되다

코로나19 이후 급증한 플라스틱 쓰레기 대안으로, 폐 페트병을 재활용한 친환경 섬유가 주목받는다. 국내 기업이 버려진 페트병을 녹여 고품질 폴리에스터 실을 뽑아내는 기술이다. 이렇게 재탄생한 원사는 가볍고 튼튼해 스포츠 의류, 가방, 자동차 시트 등 다양한 제품에 폭넓게 사용된다. 생산 단가는 다소 높지만, 환경을 중시하는 ESG* 경영과 가치 소비문화가 확산되면서 이 친환경 소재를 찾는 수요가 꾸준히 늘고 있다.

△△신문 20XX년 XX월 XX일 ○○○ 기자

*ESG경영: 환경 보호하고 사회를 도우며, 정직하고 올바른 방법으로 회사를 운영하는 방식

투명 페트병은 플라스틱 중 가장 재활용 가치가 높다고 해요.

투명 페트병 선별 및 재활용 현황		
	2020년 12월	2021년 9월
선별업체 반입량	461 t	1244 t
재생원료 생산량	1700 t	2600 t

투명 페트병을 제대로 버리니 재활용 비율이 높아졌어요.

🌏 투명 페트병을 분리배출하고 인증샷을 찍어 친구들과 공유해 봅시다.

투명 페트병! 이렇게 배출해 주세요.

❶ 비운다

❷ 헹군다

❸ 라벨을 뗀다

❹ 분리배출한다

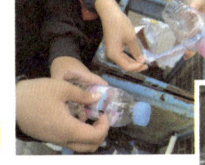

읽을거리

재생종이 사용의 효과

재생종이는 사용한 종이를 되살려 만든 종이예요. 대체로 폐지가 40% 넘게 들어간 종이를 재생종이라고 말해요. 그만큼 나무를 새로 베지 않아 환경에 이로워요.

우리나라 한 해 복사지 사용량은 2억 9천만kg입니다. 하루에 복사지 5만 4천 상자, 63빌딩 약 53개 높이만큼 쓰는 셈이죠. 사무실 복사지 45%가 출력한 날 버려져요.

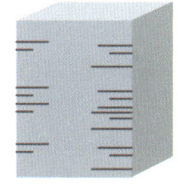 =

990만 t   2억 4천만 그루

10%만 재생복사지로 바꿔도 해마다 27만 그루, 날마다 760그루를 살릴 수 있어요.

생태놀이

옷을 재활용한 에코백 만들기

안 입는 티셔츠를 준비해 사진과 같은 모양으로 자릅니다.

밑단을 10~15cm길이 만큼 자릅니다. 시침핀으로 고정한 뒤 자른 부분을 묶습니다.

시침핀을 빼면 에코백 완성!

우리 반 나눔시장

내가 가진 물건 중 재활용이 가능하거나, 잘 사용하지 않아 친구들과 나누고 싶은 물건으로 나눔시장을 열어봅시다.

📗 **내가 나누고 싶은 물건**

🌱 **왜 나누고 싶은가요?**

👜 **나눔을 받고 싶은 물건**

🏀 **왜 필요한가요?**

지켜주세요

☑ 나눔 받은 사람이 만족하며 쓸 수 있도록 새 물건이나 깨끗한 물건을 나누어요.

☑ 1:1 교환이 원칙이지만, 나누고 싶은 물건을 무료로 줄 수 있어요.

☑ 나눔을 받고 싶다고 해서 강제로 물건을 빼앗으면 안돼요.

🌏 물건을 나눈 소감과 앞으로의 다짐을 적어봅시다.

플라스틱 쓰레기를 줄이는 것도 중요하지만 음식물 쓰레기 문제도 굉장히 심각해요. 음식물 쓰레기만 줄여도 환경을 지키는 데 많은 도움이 될 텐데….

유엔환경계획(UNEP)이 발표한 '음식물 쓰레기 지표 보고서 2021'에 의하면 지난 2019년 배출된 음식물 쓰레기 양이 약 9억 3100t이고 그 중 일반가정이 61%, 외식산업이 26%, 소매업이 13%를 차지하고 있어요. 의외로 가정에서 버려지는 음식물 쓰레기 양이 가장 많아요. 정말 놀랍지 않나요?

🌱 오늘 내가 받은 식판의 먹기 전과 먹은 후 모습을 비교해 봅시다.

< 먹기 전 >   < 먹고난 후 >

나의 급식 생활을 반성해 보고 음식물 쓰레기를 줄이기 위해 어떻게 행동할 것인지 적어봅시다.

읽을거리

우리집에서 할 수 있는 음식물 쓰레기 줄이기

1 식사 계획 세우기와 구매 목록 작성하기

- 한 주의 식사 계획을 세우고 그 식사에 필요한 것들로만 구매 목록을 작성해봐요.
- 구매 목록에는 구매량도 꼭 포함시켜주세요.

2 제대로 보관하기

- 재료의 종류와 쓰임에 따라 손질해요. 손질한 재료들을 필요한 양만 덜어서 담고 날짜를 적은 라벨을 붙여 보관해요.
- 새로 산 식품들을 뒤쪽에, 먼저 구입해 오래된 것들은 앞쪽에 배치해요.

3 적은 양씩 자주 장보기

- 더 적은 양을 사기 위해 자주 쇼핑해요. 연구결과에 따르면 대량구매가 오히려 비용이 많이 들고 음식물 쓰레기를 더 많이 배출한다고 해요.
- 주방에서 가장 비싼 식재료는 버리는 재료 라는 사실을 잊지 말기!

4 얼리거나 건조시키기

- 식품을 얼리면 빨리 부패되는 것을 막으면서 효과적으로 저장할 수 있어요. 건조시키거나 절임으로 만들면 더 오래 다양한 방법으로 먹을 수 있어요.

5 버리지 않고 전체를 활용하기

- 야채의 줄기와 껍질 등을 잘라내는 것보다 전체를 사용하는 것이 좋아요
- 과일이나 야채 남은 조각, 달걀 껍데기, 감자 껍질 등은 비료로 쓰면 좋은 영양소 공급원이 되기도 해요.

6 주기적인 냉장고 청소

- 주기적으로 청소를 하면 가지고 있는 모든 것들을 볼 수 있고 남은 음식이나 재료가 뒤쪽으로 밀려 잊혀지고 상하는 것을 방지할 수 있어요.

🌸 사건 해결!

우리 모두의 노력으로 미세플라스틱이 점점 줄어들길 기대해 봅시다.

모두가 노력하면 토룡이님이 사는 곳의 토양도 점점 비옥해지겠죠?

고마워요. 여러분 덕분에 앞으로 마음 놓고 먹이를 먹을 수 있을 것 같아요.

초록탐정님과 친구들의 노력 덕분에 깨끗한 환경에서 뿌리를 내릴 수 있게 됐어요. 모두모두 고마워요!

좋은 소식 전해줄게요. 제가 사는 산의 토양과 나무도 점점 되살아나고 있어요. 여러분 덕분이에요.

여러분 덕분에 제 친구들도 기운을 차리고 건강해지고 있어요. 고마워요!

어린이 친구들이 계속 관심을 가져주면 토양과 식물이 살아나고, 우리 모두 행복하게 살 수 있을 거예요. 앞으로도 잘 부탁해요!

우리 모두가 노력해야 환경을 지킬 수 있어요. 깨끗하고 살기 좋은 환경을 만들기 위해 함께 힘내요!

식물과 토양에 관해 더 알고 싶나요?

 **참고 도서**

『**식물학자의 노트**』 신혜우 글, 그림, 김영사	씨앗부터 뿌리, 줄기, 잎 등 식물을 이루는 각 부분이 하는 일을 알아보고, 연약한 줄기를 가진 식물부터 매우 오랜 시간 살고 있는 나무까지 식물이 스스로를 지키기 위해 얼마나 치열하게 살아가는지 그림과 함께 살펴볼 수 있어요. 각자의 방식으로 용감하게 살아가는 식물의 모습을 살펴보며, 식물의 소중함을 느껴볼까요?
『**꿀벌들아 돌아와!**』 홍기운 글, 이경석 그림, 와이즈만북스	꿀벌이 사라진 세상에서 가장 큰 피해를 입는 것은 바로 우리들이에요. 이 책을 통해 인간의 이기심 때문에 자연이 파괴되면 어떤 결과를 가져오는지 확인해 보세요. 우리가 자연을 배려하고 양보하면 결국 우리 삶도 풍요로워집니다. 지구는 우리 모두가 함께 살아가는 곳이지요.
『**돼지 이야기**』 유리 글, 그림, 이야기꽃	칸칸이 나뉜 축사에서 어미 돼지가 갓 낳은 새끼 돼지들에게 젖을 물리고 있습니다. 얼마 뒤 방제복을 입은 사람들이 나타나 몽둥이와 전기 막대로 돼지들을 몰아갑니다. 그 곳은 바로 굴삭기로 판 커다란 구덩이. 돼지들의 운명은 어떻게 될까요? 그리고 토양은 어떻게 될까요?

월-E
WALL-E, 2008

개봉	2008. 7. 31.
장르	3D 애니메이션
국가	미국
등급	전체관람가
러닝타임	100분

쓰레기로 뒤덮여 인간이 살 수 없는 땅이 된 지구. 인간들이 떠나버린 지구에서 지구 정화 작업을 하던 수백 만의 로봇들은 시간이 지나 프로그램이 망가져 버리고, 단 하나 남은 월-E가 열심히 지구를 청소합니다.

그러던 어느 날, 지구에 식물이 살 수 있는지 생태 탐사를 하기 위한 우주선이 착륙하고, 로봇 이브가 땅을 밟았습니다. 이브를 보고 한눈에 반하게 된 월-E. 과연 월-E는 이브의 마음을 사로잡을 수 있을까요? 그리고 쓰레기로 뒤덮인 지구의 미래는 어떻게 될까요?

인터스텔라
INTERSTELLA, 2014

개봉	2008. 11. 6.
장르	SF
국가	미국
등급	12세이상관람가
러닝타임	169분

인류의 멸망이 눈 앞에 닥친 미래. 기후 변화로 인해 많은 식물종이 멸종하고 식량 위기가 닥치자, 지구는 거대한 옥수수밭이 되어 버립니다. 사막화로 인해 모래 폭풍에 시달리기도 하지요.

사람들은 지구에 더 이상 생명체가 살아갈 수 있는 희망이 없다고 여기고 웜홀을 통해 광활한 우주를 여행하며 인류가 살 수 있는 또 다른 행성을 찾아 나섭니다.

이들은 인류의 새로운 터전을 찾을 수 있을까요? 그리고, 그렇게 지구는 버려진 땅이 되는 걸까요?

다크워터스
Dark Waters, 2019

개봉	2020. 3. 11.
장르	드라마
국가	미국
등급	12세이상관람가
러닝타임	127분

젖소들의 떼죽음, 몸의 이상변화에 시달리는 사람들. 기형아들의 출생 그리고 한 마을에 퍼지기 시작한 중증 질병들과 수질오염으로 인해 토양오염까지. 그 땅에 사는 소, 사람들은 원인모를 병에 시달리고 죽음에 이르게 됩니다.

대형 로펌의 변호사 '롭 빌럿'은 세계 최대 화학기업의 독성물질 유출을 알게 되고 이 독성 물질이 프라이팬부터 아기 매트까지 우리 일상 속에 침투해 있다는 사실에 충격을 받습니다. 롭은 자신의 커리어는 물론 자신의 가족들, 모든 것을 건 용기 있는 싸움을 시작합니다.